... de l'Élève : ....

ALPHABET ILLUSTRÉ

OU SYLLABAIRE DES COMMENÇANTS

À l'usage des écoles maternelles et prima

PAR PLUSIEURS INSTITUTEURS

LECTURE — ÉCRITURE — DESSIN

Conformément aux programmes de 188.

PRIX, CART. : **50** CENTIMES

PARIS

Librairie DELAGRAVE, 15, rue Soufflot

CAEN	**COUTANCES**
CHÉNEL, LIBRAIRE	LELOUP, LIBRAIRE

Nom de l'Élève : ....

ALPHABET ILLUSTRÉ

OU SYLLABAIRE DES COMMENÇANTS

À l'usage des écoles maternelles et primaires

PAR PLUSIEURS INSTITUTEURS

LECTURE — ÉCRITURE — DESSIN

Conformément aux programmes de 1882

PRIX, CART. : **50** CENTIMES

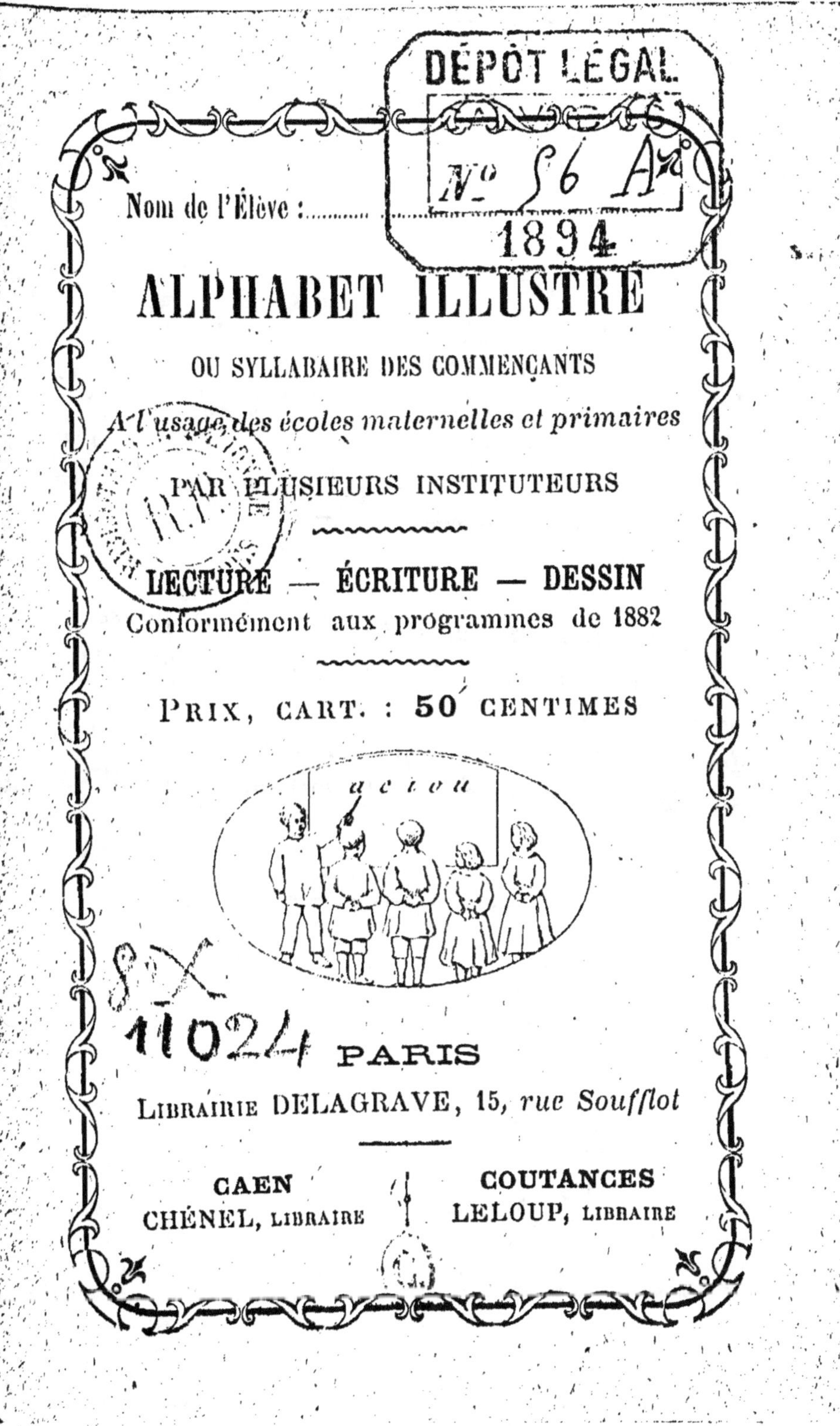

PARIS

LIBRAIRIE DELAGRAVE, 15, rue Soufflot

CAEN	COUTANCES
CHÉNEL, LIBRAIRE	LELOUP, LIBRAIRE

Les instituteurs et institutrices qui penseraient que ce petit livre peut rendre quelques services à leurs jeunes élèves, sont priés d'en demander l'inscription, par un rapport spécial, sur la liste des classiques de leur département.

AVERTISSEMENT

A l'école maternelle ou dans la famille, l'enfant acquiert, comme en se jouant, les premières connaissances : il apprend le nom des objets qui l'environnent ; il s'exerce déjà à construire des châteaux de cartes ou à tracer quelques figures. Il s'agit, un peu plus tard, de tirer parti de ces premières notions pour l'initier aux secrets de la lecture, et c'est ici que commencent les difficultés de l'Instituteur.

En français comme dans les autres langues, il y a deux sortes de sons : les sons *simples*, émis surtout par le gosier, et les sons *articulés*, qui ne sont autre chose que les sons simples modifiés par les organes de la parole, tels que les lèvres, la langue, les dents, le palais, le nez.

Dans l'écriture phonétique, les sons simples se représentent par les voyelles *a, e, i,* etc. Les sons articulés sont représentés par ces mêmes voyelles précédées ou suivies de consonnes, telles que *b, c, d, f, g, h,* etc.

S'il était facile de faire entendre ces premiers principes aux tout jeunes enfants, on pourrait aisément leur apprendre à lire. Malheureusement il n'en est rien, et c'est pourquoi, dès le début, nous avons essayé de leur faciliter la compréhension de ces idées abstraites par des images qui les mettent instinctivement sur la voie des notions qu'il s'agit de faire pénétrer dans leur esprit. Quoique ce procédé laisse bien à désirer, nous croyons qu'il peut rendre de très utiles services aux commençants.

D'ailleurs, les images intéressent beaucoup les enfants. Introduites dans un syllabaire, elles ont donc, tout au moins, l'avantage de jeter quelque attrait sur une étude qui est, pour eux, des plus arides. Elles les accoutument, en outre, à se rendre compte de ce qu'ils lisent, ce qui est un point essentiel.

Nous conservons le nom usuel des lettres, et l'épellation par lettres détachées ; mais nous commençons par les *italiques*, dont la forme se rapproche sensiblement de l'écriture ordinaire. Si cette méthode offre quelques inconvénients, elle a aussi le précieux avantage de permettre d'initier de bonne heure les jeunes élèves à l'étude des éléments de l'écriture et de l'orthographe. A quoi bon d'ailleurs, adopter des appellations plus ou moins factices (1), que l'on est obligé d'abandonner tôt ou tard, ce qui ne manque jamais de jeter une certaine perturbation dans l'esprit des enfants ? En fait, par nos procédés, on peut apprendre à épeler, à lire, à écrire et à orthographier à un groupe d'élèves d'intelligence moyenne en l'espace de 5 à 6 mois. Aucune autre méthode ne ferait mieux, et nous croyons que cette remarque suffit pour justifier nos préférences.

Comme l'ont fort bien dit des auteurs judicieux, *be, a*, ne fait pas plus *ba* que *bé, a*; et *té, e, erre* fait plutôt *ter* que *te, e, ré*. Or, ces syllabes en *ter, ef, el, es* (prononcé *èce*), sont nombreuses en français. De plus, l'épellation par lettres détachées, outre qu'elle est très favorable à l'étude de l'orthographe, présente seule l'avantage de réduire à 25 le nombre des éléments de la lecture, qui, sans cela, atteindrait plus d'un cent.

Ne l'oublions point : la principale et quasi unique difficulté à surmonter par les débutants, c'est d'arriver à comprendre et à se rappeler que *bé, be* ou *bb*... (le nom ne fait presque rien à la chose) suivi d'un *a* fait *ba* (5ᵉ Leçon.)— Cette difficulté subsiste quelle que soit la méthode que l'on adopte, et il n'y a pas moyen de l'éviter. Tout ce que l'on peut faire, c'est de s'attacher à intéresser les enfants, et à bien graduer l'ordre des exercices.

Nous accompagnons chaque leçon de renseignements et d'instructions propres à faire saisir notre pensée. Il suffira donc de les lire attentivement et de s'y conformer.

Les exercices d'écriture sont gradués de manière que l'élève peut toujours lire la lettre ou le mot qu'il écrit, ce qui a son importance. Ceux de dessin sont également présentés dans un ordre méthodique.

Puisse cette nouvelle méthode, rédigée d'après l'esprit des récents programmes officiels, épargner quelques larmes aux jeunes enfants auxquels elle est destinée ! On pourrait avantageusement faire répéter chaque leçon dans la famille, ce qui ne manquerait pas de hâter les progrès, car il ne faut point l'oublier *le succès des élèves, en lecture, ne dépend pas tant de la longueur des leçons que de leur fréquente répétition.*

Nota. — Les lettres *mobiles* dont nous parlons dans ce syllabaire s'obtiennent facilement en collant un alphabet sur un carton, et en découpant ensuite chaque lettre séparément.

---

(1) Telles que *ke* pour *c, k* ou *q*; *fe* pour *f* ou *ph*; *je* pour *g* ou *j*; *che* pour *ch* dans *chœur*; *ce* pour *esse*, etc., qui portent à confondre certaines lettres et certaines syllabes avec d'autres lettres ou d'autres syllabes.

ALPHABET ILLUSTRÉ

1re LEÇON

Préliminaires

Quand un enfant se présente pour la première fois à l'école maternelle ou à l'école primaire, il éprouve une vague émotion qui tient plus, peut-être, de la nature de la crainte que de celle de l'étonnement ou de la surprise, surtout quand la famille a eu la malheureuse idée de représenter l'école comme un lieu de contrainte et de répression.

Pour un maître ou une maîtresse habiles, la première chose à faire est donc d'obtenir la confiance de l'élève. Quelques paroles douces et affectueuses, au besoin même quelques bonbons distribués à propos, viendront promptement à bout de la timidité naturelle des nouveaux écoliers, et leur délieront la langue. On pourra alors leur montrer quelques images du livre ou du tableau, et les leur expliquer. On les fera ensuite compter jusqu'à *trois* sur un boulier (d'abord tous ensemble, puis chacun son tour), et on répétera le même exercice sur les *points* ci-dessous, après leur avoir dit que ce sont des points.

Le Maître en montrant : Comment s'appellent ces espèces de petits ronds noirs ? — Cela s'appelle des points. — Comptons combien il y en a.

(Un) (Deux) (Trois)

(Répéter cinq ou six fois l'exercice en montrant chaque point.)

Questions. — Montrez un point. — Montrez-en un autre. — Encore un autre. — Montrez le 1er point. — Le second. — Le 3e. — Comment s'appellent les signes ci-dessus ? — Combien y en a-t-il ? — Faites un point avec de la craie ou un crayon. — Faites-en deux, etc. — (Quand l'élève hésite à répondre, le maître montre lui-même ou trace le point. Il fait ensuite répéter l'exercice.)

Nota. — Pour les premiers exercices, il est bon que le Maître *seul* s'en occupe. Plus tard, les *aides* interviendront utilement.

Les *un* ou *bâtons*.

Dès le premier jour de son entrée en classe, l'enfant doit lire, écrire et compter. Nous avons vu (1ʳᵉ leçon) comment tout d'abord on l'exerce à compter et à faire des points. Dans une seconde leçon, on continuera à compter sur le livre ou mieux encore sur le boulier, et on lui apprendra à faire des *un* (1). *C'est le premier exercice d'écriture.*

En montrant les *1* ci-dessous, le Maître dira : Regardez bien ceci, mes enfants ; à quoi cela ressemble-t-il ?—A des bâtons ou à des baguettes.—Bien. Mais comment cela s'appelle-t-il ?—Des *un*. Nous allons en faire à la craie d'abord, au crayon ensuite.

Voici comment cela se pratique (le Maître trace 4 ou 5 *un* en les inclinant fortement, car les commençants sont tous portés à les faire verticaux ; il fait ensuite remarquer ce qu'on appelle le *haut* et le *bas* de chaque *un*, puis il fait reproduire le modèle à tour de rôle.)

/ / / / / / / / / /

Exercices. — Comment s'appellent les figures ci-dessus ?—Pour les tracer, par où commence-t-on ?—(Par le *haut*.)—Tracez-en chacun deux. — Lequel est le mieux fait ? — Pourquoi ? (Parce qu'il a la *pente convenable.*) — Comptons-les. Il y en a *dix* ou une *dizaine*.

Nota. — Sur le papier, on peut se servir du crayon ou de modèles déjà tracés (en bleu, par exemple, ou bien pointillés), de manière que l'enfant s'accoutume peu à peu à donner la pente voulue. (Voir nos *modèles d'écriture.*)

---

(1) Nous disons des *un* et non des *bâtons*, car nous n'avons aucune lettre ni aucun chiffre qui s'appelle un *bâton*, tandis que nous avons un chiffre qui se nomme un *un*. Il n'est, d'ailleurs, pas plus difficile de dire *un* que de dire *bâton*.

Les voyelles.

Nous allons aujourd'ui, dira le Maitre, commencer à apprendre à lire. Pour cela, il faut d'abord savoir le nom des lettres que voici (montrer *a, e, i, o, u,* ci-dessous.) — Qu'est-ce que cela? demandera l'Instituteur en montrant l'image du *chat.*—Rép.: un chat. — Et cela? (en montrant a) L'élève ne répondant point, le maitre dira : c'est un *a.* Ainsi *chat* rappelle a. Et il fera répéter plusieurs fois le nom de la lettre. a, en faisant bien remarquer que le mot *chat* rappelle a.— Même procédé pour *œufs,* qui rappellent e ; *nid,* qui rappelle i, etc. Ces cinq lettres se nomment des *voyelles.*

Chat	*a*	*a*	*a*	*a*
Œufs	*e*	*e*	*e*	*e*
Nid	*i*	*i*	*i*	*i*
Pot	*o*	*o*	*o*	*o*
Bossu	*u*	*u*	*u*	*u*

Après avoir lu *par lignes* (de gauche à droite et de droite à gauche) on lira par *colonnes,* c'est-à-dire de haut en bas, puis de bas en haut.

EXERCICE

a e i o u o a
i u e o a e u

Questions.—Montrez a? e? i? o? u?—Qu'y a-t-il sur l'i—Comment l'o est-il fait? Ces cinq lettres s'appellent? (Des *voyelles*)

Ecriture.—Continuez à faire des *un.* (2ᵉ leçon.)

4e LEÇON

Premières consonnes

Procédés semblables à ceux de la 3e leçon.
(Lire d'abord par *lignes* et ensuite par *colonnes*.

 Bébé au gros ventre	***b***	***b***	***b***	***b***
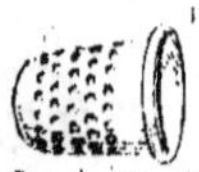 Dé à coudre	***d***	***d***	***d***	***d***
 Canapé	***p***	***p***	***p***	***p***
 Echelle	***l***	***l***	***l***	***l***
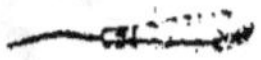 Alène	***n***	***n***	***n***	***n***
 Baptême	***m***	***m***	***m***	***m***

EXERCICE

b *d* *p* *l* *n* *m*
m *n* *l* *p* *d* *b*

RÉCAPITULATION

a e i o u b d p l n m

Ecriture.—Continuer à faire des *un*.

Premier exercice d'épellation.

Suivre la marche indiquée ci-dessous.—Cette leçon donnant la clef de la lecture, puisqu'elle conduit à résoudre la principale difficulté de la méthode d'épellation. Il convient de s'y arrêter autant que cela sera nécessaire.

b avec un *a* cela fait **ba**

b avec un *e* cela fait **be**

b avec un *i* cela fait **bi**

b avec un *o* cela fait **bo**

b avec un *u* cela fait **bu**

Montrer *ba, be, bi, bo, bu.* etc.

EXERCICE

Prononcer d'une seule fois les *syllabes* suivantes :

ba   be   bi   bo   bu

bu   bo   bi   be   ba

ba-ba,   bi-bi,   bo-bo,   bu-be
(pâtisserie) (chapeau) (léger mal) (élevure)

Écriture. — Continuation, *sur le papier,* de l'exercice précédent.

Les premières syllabes.

Lire ou épeler à haute voix les syllabes suivantes,
d'abord par lignes, ensuite par col. de cette manière :
b-a-ba, b-e-be, b i-bi, b-o-bo, b-u-bu: ba, be, bi, bo, bu

a	*e*	*i*	*o*	*u*
ba	*be*	*bi*	*bo*	*bu*
da	*de*	*di*	*do*	*du*
pa	*pe*	*pi*	*po*	*pu*
la	*le*	*li*	*lo*	*lu*
na	*ne*	*ni*	*no*	*nu*
ma	*me*	*mi*	*mo*	*mu*

Épeler de mémoire chaque syllabe (livre fermé), puis
lire les *mots* suivants, séparés par des *virgules*, sans
épeler à haute voix :

pa-pa, lo-lo, lu-ne, li-me

(On aura soin de répéter les syllabes du même mot jusqu'à ce que les enfants comprennent ce qu'ils lisent.

Autre exercice. — Composer des mots avec lettres
mobiles, découpées dans un carton. (V. p. 4.)

Écriture. — Continuer à faire des *un*, les pencher et
les écarter convenablement, et ne pas oublier le nom
de ce chiffre.

Les mots faciles.

Faire lire de cette manière, *le da-da*, *le do-do*, etc., sans épeler à haute voix. On ne passera à la ligne suivante que quand la précédente sera comprise. Montrer seulement alors la figure à droite.

le da-da. . . . . . .

le do-do. . . . . . .

la la-me. . . . . . .

u-ne li-me. . . . . .

u-ne da-me . . . . .

le ma-la-de . . . . .

le do-mi-no. . . . .

la pi-pe de pa-pa.

Comme exercice, faire épeler chaque mot de mémoire, puis composer la dernière ligne avec des lettres mobiles.

Écriture et dessin.

Faire des u et dessiner le *domino ci-dessus. (Ex. facultatif.)*

Les trois accents.

aigu *grave* *circonflexe*
(de droite à gauche) (de gauche à droite) (composé des deux)

Ils modifient le son de l'e. Ainsi *e aigu* se prononce *é*; *è grave* se prononce *ai*, *ê circonflexe*, se pron. *aie*.

Clé   é é é é

fouet   è è è è

Hôte   ê ê ê ê

EXERCICE

Faites dire *e, é, è, ê*, en une seule fois (sans nommer d'abord les accents). C'est plus court et cela suffit pour le moment.

e é è ê é ê e
ê ê e è ê e é
ê e ê e ê é ê

RÉCAPITULATION

e é è ê a i o
u b d p l n m

Ecriture.—Continuer à faire des *u.*

Autres consonnes.

(Procéder comme à la troisième leçon.)

Chef

f f f f

Pavé

v v v v

Bougie

j j j j

Geai

g g g g

Tresse

s s s s

Tête baissée

c c c c

Café Moka

k k k k

EXERCICE

f v j g s c k

k c s j g f v

RÉCAPITULATION

e é è ê a i o u b d p

l m n f v j g s e k b

Écriture. mmmmmm

Nouvelles syllabes

L'accolade indique les syllabes qui se prononce de la même manière; ainsi : *ge* se prononce comme *je*; *gi* comme *ji*; mais *go* ne se prononce pas comme *jo*, ni *co* comme *so*, etc.

a　e　é　è　i　o　u

fa　fe　fé　fè　fi　fo　fu

va　ve　vé　vè　vi　vo　vu

ja　je}　jé}　jè}　ji}　jo　ju

ga　ge}　gé}　gè}　gi}　go　gu

sa　se}　sé}　sè}　si}　so　su

ca}　ce}　cé}　cè}　ci}　co　cu}

ka}　ke　ké　kè　ki　ko}　ku}

Épeler les syllabes ci-dessus d'abord par ligne et par colonnes, puis sans suivre aucun ordre. Lire ensuite les mots suivants sans épeler à haute voix.

co-co, ca-ge, fè-ve, pa-vé

Épeler ces mots de mémoire. Composer avec les lettres mobiles.

ÉCRITURE

n m n m n m n m n m

Lire par syllabes, sans épeler à haute voix

la lo-ge. . . . .

la cu-ve. . . . . . .

le ca-ca-o. . . . . . .

la ci-ga-le . . . . . .

la li-ma-ce. . . . . .

la ca-ba-ne. . . . . .

le ca-na-pé. . . . . .

le jo-li ké-pi. . . .

le ca-fé mo-ka. . . .

le vé-lo-ci-pè-de. . .

Épeler de mémoire les mots ci-dessus et les composer avec lettres mobiles.

ÉCRITURE ET DESSIN

C C C C C C C C C C C

Pour tracer un c, commencer par faire un petit point; remonter ensuite un peu vers le haut en traçant la rondeur supérieure, puis descendre en formant le plein et la rondeur d'en bas.
Dessiner la loge du chien (*exercice facultatif*).

Voyelles longues.

Le circonflexe allonge le son des voyelles è, a, i, o, u. Ainsi, è devient ê, a devient â, i devient î, etc., comme on le voit par les exemples suivants, qu'on lira d'abord par lignes, ensuite par colonnes.

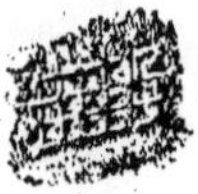

Haie	**ê**	**ê**	**ê**	**ê**
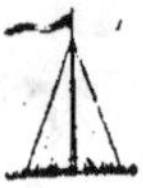 Mât	**â**	**â**	**â**	**â**
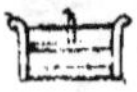 Scie	**î**	**î**	**î**	**î**
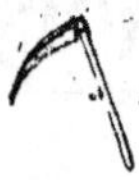 Faux	**ô**	**ô**	**ô**	**ô**
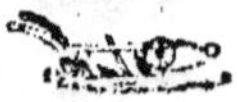 Charrue	**û**	**û**	**û**	**û**

EXERCICES

Observer la différence entre le son bref et le son long.

è–ê, a–â, i–î, o–ô, u–û

û–u, ô–o, î–i, â–a, ê–è

ô–o, è–ê, o–ô, u–û, i–î

RÉCAPITULATION

c é è ê â î ô û b d p

c m n f v j g s c k d

Écriture.—L'o se commence comme le c.

Dernières consonnes.

Procéder comme à la troisième leçon.

h   *h*   *h*   *h*

t   *t*   *t*   *t*

r   *r*   *r*   *r*

z   *z*   *z*   *z*

x   *x*   *x*   *x*

q   *q*   *q*   *q*

EXERCICE

h   *t*   *r*   *z*   *x*   *t*   *q*

x   *z*   *t*   *r*   *h*   *x*   *r*

RÉCAPITULATION

b   *c*   *d*   *f*   *g*   *h*   *j*   *k*   *l*   *m*

n   *p*   *q*   *r*   *s*   *t*   *v*   *x*   *z*   *n*

Écriture.—Faire des *a* en commençant par un o.

aaaaaaaaaaaa

Notez que *hé, hè, hâ*, etc., se pron. à peu près *é, è, â.*

é	è	ê	â	î	ô	û
hé	hè	hê	hâ	hî	hô	hû
zé	zè	zê	zâ	zî	zó	zû
té	tè	tê	tâ	tî	tó	tû
ré	rè	rê	râ	rî	rô	rû
xé	xè	xê	xâ	xî	xó	xû

EXERCICE

la tê - te	le có - té
le pâ - té	la pâ - te
le pè - re	la mè - re
l'a - lê - ne⁽¹⁾	le ca-ré-me

ÉCRITURE

vvvvvvvvvvv

(1) L'espèce de virgule que l'on trouve après *l* s'appelle une *apostrophe*. L'apostrophe ne change pas la prononciation de la syllabe où elle se trouve, c'est-à-dire que *l'a* se prononce *la; l'é* se prononce *lé; l'i* se prononce *li*, etc. Il y aura lieu de se rappeler cette remarque à la page suivante, et de s'y conformer.

l'a-rê-te [1] . . . . . .

le na-vi-re . . . . .

la ca-ra-fe . . . . .

l'â-ne bâ-té . . . . .

le ca-lo-ri-fè-re . . .

la lo-co-mo-ti-ve . .

le ca-ra-be do-ré . .

la tê-te de vi-pè-re .

la ca-ge du ca-na-ri .

la ro-be de la da-me.

ÉCRITURE ET DESSIN

Dessiner la carafe ci-dessus (*exercice facultatif*).

(1) **Voir la remarque page précédente** : l'a—la,

L'a-mi fi-dè-le.

L'é-lè-ve do-ci-le.

La fê-te de pa-pa.

La sa-la-de du dî-né.

La ro-be de Cé-li-ne

Le nu-mé-ro du ti-ra-ge.

La co-lè-re de Jé-rô-me.

Zo-é a sa-li sa ju-pe.

Lé-a se la-ve-ra la fi-gu-re.

Sa-ra ho-no-re sa mè-re.

(*n*) Nu-ma (*a*) ha-bi-te la ca-pi-ta-le.

ÉCRITURE

canari navires.

L'r se fait de deux manières; la seconde se lie
mieux avec e, o, a.

Voyelles simples : a, e, é, è, i, o, u, y.

Voyelles longues : ê, â, î, ô, û.

Consonnes simples : b, c, d, f, g, h, j,
k, l, m, n, p, q, r, s, t, v, x, z.

VOYELLES COMPOSÉES

e avec un u cela fait eu. . (e).

o avec un u cela fait ou. . Trou

a avec une n cela fait an. . Dent

i avec une n cela fait in. . Main

o avec une n cela fait on. . Ongle

u avec une n cela fait un. . (1).

o avec un i cela fait oi. . (oa).

EXERCICES

eu ou an in on un oi

un on in an ou eu oi

an-ge, on-de, in-de (pays).

Écriture. numéro un.

Nouvelles syllabes

Lire d'abord par lignes, ensuite par colonnes.

eu	ou	an	in	on	oi
feu	fou	fan	fin	fon	foi
seu	sou	san	sin	son	soi
jeu	jou	jan	jin	jon	joi
leu	lou	lan	lin	lon	loi

EXERCICES

le feu	le jeu	la foi
un sou	un fou	la loi
du vin	du lin	un roi

la bou-le	le bâ-ton
un bi-jou	le bon-bon
du lin-ge	un bou-ton
l'o-ran-ge	le pan-ta-lon

ÉCRITURE

voiture, voiturier.

Le *t* se barre à droite, sur la ligne supérieure.

D'abord par lignes, puis par colonnes.

ai (è) au (o) ain (in) eur our oir
sai sau sain seur sour soir
vai vau vain veur vour voir
pai pau pain peur pour poir
nai nau nain neur nour noir

EXERCICES

la lai-ne	le mou-ton
un gâ-teau	le moi-neau
le pou-lain	de l'a-voi-ne
le ci-ta-din	le la-bou-reur

Voi-ci un din-don .

Voi-là un vau-tour.

bon-jour, bon-soir, au re-voir.

ÉCRITURE

mouton, vautour

Le *t* dépasse d'une demi-fois la hauteur de l'écriture.

Diphtongues

Lire d'abord par lignes, ensuite par colonnes,

ia   ié   iè   ieu   ien   ion
lia   lié   liè   lieu   lien   lion
tia   tié   tiè   tieu   tien   tion
dia   dié   diè   dieu   dien   dion
nia   nié   niè   nieu   nien   nion

Epeler de mémoire ces différentes syllabes.

EXERCICES

l'a-mi-tié   *l'u-ni-on* [1]
la sa-liè-re   *la sou-piè-re*
la pau-piè-re   *la sau-ciè-re*

La fio-le ron-de... 

La tia-re du pa-pe.. 

La ta-niè-re du lion. 

la ta-ba-tiè-re de papa 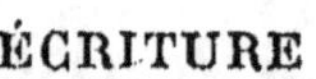

ÉCRITURE

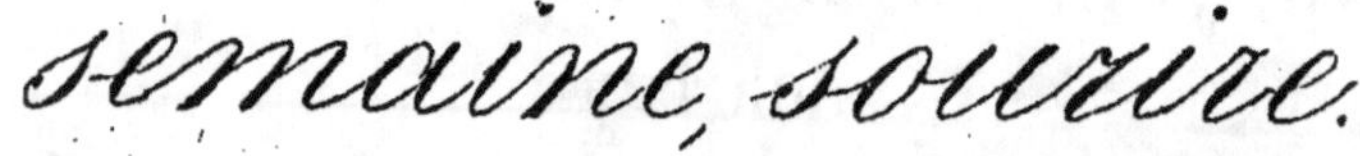

Ne pas oublier de lire d'abord le modèle d'écriture.

---

(1) Dia. tia, nié. niè, etc., se lisent di-a, ti-a, ni-é, ni-è, etc.

Sons différents.

sou–cou, soin–coin, soir–coir
jan–gan, geai–gai, sœur–cœur

EXERCICES

La sou-cou-pe. . . . .
Le cou du hé-ron. . . .
Le sou de Pau-li-ne. .
Le gai et (é) jo-li pin-son.
Va au coin du feu, Lé-on.
J'au-rai soin de toi ce soir.
La sœur de ma tan te.
Le cœur d'u-ne mè-re.

ÉCRITURE

cou, cœur, sourd.

Le d dépasse d'une fois la hauteur de l'écriture.

---

(1) *F* = *f*. Fan se prononce donc comme *fan*. Nous pro-
fitons des occasions qui se présentent pour apprendre ainsi,
un peu à la fois, le nom des majuscules.—Au besoin, l'élève
pourrait dès maintenant, se reporter à la 34e leçon, ci-après,
où il trouvera les indications nécessaires.

La ba-lan-ce . . . . .

La ca-fe-tiè-re . . . .

La bou-le noi-re . . .

L'o-ran-ge dou-ce . . .

L'é-toi-le du ma-tin .

La la-me du cou-teau

U-ne moi-tié de poi-re

U-ne cou-ron-ne de roi.

le jou-jou de Lé-on-ti-ne

la re-din-go-te de Ju-lien

Lé-vy (vi) a peur le soir.

J'i-rai le voir de-main.

La fin de la pa-ge.

ÉCRITURE

Le cô-ne poin-tu . . .

Un pan-ta-lon noir .

Le poê-le de fon-te .

La pau-me de la main

Le mi-roir de ma-man

Le la-voir de Su-zan-ne.

la voi-tu-re du voy-a-geur [1]

Un beau jour de foi-re.

La dou-leur de Si-mé-on.

Vien-ne le jour de l'an,

je lui fe-rai du bien,

je sou-la-ge-rai sa peï-ne.

Ce se-ra mon sa-lai-re.

Epeler de mémoire et composer avec lettres mobiles.

ÉCRITURE

maxime, examen.

---

[1] L'*y* se prononce comme un *i* simple : *voy* = *voi*.

24ᵉ LEÇON

Nous avons vu (5ᵉ leçon) qu'un *b* suivi d'un a fait *ba*; mais

a	suivi d'un	*b*	cela fait	*ab*
e	–	*b*	–	*eb*
i	–	*b*	–	*ib*
o	–	*b*	–	*ob*
u	–	*b*	–	*ub*

EXERCICE

ab	*eb*	*ib*	*ob*	*ub*
ub	*ib*	*ob*	*eb*	*ab*
eb	*ob*	*ab*	*ub*	*ob*

ÉCRITURE ET DESSIN

Quand les élèves savent faire à peu près toutes les lettres (ce qui leur permet d'écrire les mots qu'ils lisent) il est temps de s'appliquer sérieusement aux exercices de dessin.

Tracer dix séries d'horizontales d'un centimètre de long, d'après les indications du modèle ci-dessous.

(Lire d'abord par lignes, ensuite par colonnes.)

ac	ec	ic	oc	uc
bac	bec	bic	boc	buc
af	ef	if	of	uf
taf	tef	tif	tof	tuf
al	el	il	ol	ul
sal	sel	sil	sol	sul
cal	cel	cil	col	cul

EXERCICES

le bec	le lac	du fil
du sel	le sol	un cal
le sac	un col	un bock

Le sol du jar-din.

Le sac de fa-ri-ne .

Le bec du fau-con .

Le bac de la ri-viè-re .

maire, curé, canton de

ar	er	ir	or	ur
far	fer	fir	for	fur
as	es	is	os	us
las	les	lis	los	lus
ap	ep	ip	op	up
sap	sep	sip	sop	sup
cap	cep	cip	cop	cup

---

le lys (fleur) | *un fat* (sot or-gueil-leux)
le fer (à cheval) | *la vis* (pour visser)

le mur, la mer, le roc, le cap.
(muraille)   (eau salée)   (rocher)   (pointe de terre)

le cas-tor | *l'ar-bus-te*
l'as-siet-te | *la ser-pet-te*
la ber-li-ne | *l'ac-co-la-de*

Dessin. Tracer 10 séries de verticales d'un centimètre de haut.

La bé-cas-si-ne . . . .

La ró-tis-soi-re . . . .

Un ver-re de vin. .

Le ver de ter-re . . .

Le lis du val-lon. . .

Le mur du jar-din. .

La bar-be du sa-peur .

la tar-ti-ne de beur-re.

Le pa-ra-sol de la da-me

la gi-ber-ne du ca-po-ral.

l'as-té-rie, é-toi-le de mer

le cor-don de la son-net-te

le con-dor, sor-te de vau-tour

ÉCRITURE

La maxime du sage.

Dessiner un verre, grandeur naturelle.

bla   ble   bli   blan   blin   blon
cla   cle   cli   clan   clin   clon
fla   fle   fli   flan   flin   flon
fra   fre   fri   fran   frin   fron
gra   gre   gri   gran   grin   gron

EXERCICE

blé, clé, cri, crin, grain

cha   che   chi   chou   char   choir
qua   que   qui   quou   quar   quoir
gna   gne   gni   gnou   gnar   gnoir
pha   phe   phi   phou   phar   phoir
sta   ste   sti   stou   star   stoir

EXERCICE

chou, trou, troc, chef, char
cric, grog, grec, bric, czar.

Dessiner à vue et sans le secours de la règle, dix carrés d'un centimètre de côté, et dire quel est le mieux fait.

Le car-ré . . .	□	le tri-an-gle. .	△
le cer-cle . . .	○	le rec-tan-gle .	▭
le ray-on . . .	⊘	le dia-mè-tre .	⊘
le tra-pè-ze. .	◺	le po-ly-go-ne.	⬠
le cy-lin-dre .	⬭	la dia-go-na-le	◳
l'é-tei-gnoir .	◮	la py-ra-mi-de.	◭

---

la ha-che	la ha-chet-te
la bro-che	la lè-che-fri-te
le cuil-lè-re	la four-chet-te
la mar-mi-te	la cas-se-ro-le
l'é-cu-moi-re	la pas-soi-re.

le chau-dron et (é) la chau-diè-re

le char-bon et la chauf-fe-ret-te

le co-ke, char-bon de ter-re à moi-tié brû-lé

Dessiner 10 carrés de chacun 2 centimètres de côté.

Le cha-meau . . . .

le dro-ma-dai-re . .

le fer à che-val . . .

la crê-te du coq . . .

la lan-gue du chien .

le cy-gne qui na-ge .

l'é-nor-me ba-lei-ne.

le re-quin vo-ra-ce .

le coq et (é) la pou-le

le bœuf et la va-che,

le la-pin et le liè-vre,

le zè-bre, ou â-ne ra-yé,

le con-gre noir, sor-te d'an-guil-le.

Dessiner cinq rectangles deux fois plus longs que
larges et dire le meilleur.

La ger-be de blé . . .

la bot-te de foin . . .

l'é-chel-le dou-ble. . .

la la-me du ca-nif . .

la clé de la por-te . .

le clou d'é-pin-gle. . .

le clou de gi-ro-fle . .

la bar-ri-que de vin .

le cou-teau de ta-ble.

le soc de la char-rue.

la tour-de char-ret-te

le mou-lin qui tour-ne.

Dessiner 10 rectangles deux fois plus hauts que larges et dire quel est le meilleur.

(Le Maître n'oubliera pas de corriger le travail de l'élève.)

L'on-gle du pou-ce . .
la cho-pe de biè-re . .
le cha-peau de feu-tre.
le li-vre de mon frè-re
la ro-be de ma sœur,
le char-don qui pi-que,
le che-min de l'é-co-le,
la ci-me de la mon-ta-gne
le tu-yau du four-neau
cra-tè-re d'un vol-can
la moi-tié d'u-ne pom-me
la queue de la co-mè-te!

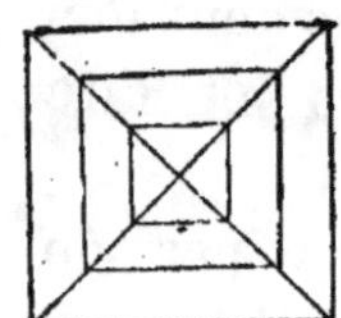

Dessiner cinq figures semblables à celle ci-contre, formée de trois carrés de plus en plus petits.
Le Maître corrigera.

Le char fu-nè-bre. 

La hut-te du La-pon

le con-voi du pau-vre,

un mor-ceau de pain sec

le bâ-ton de l'a-veu-gle

la bar-que du pê-cheur,

la flè-che du sau-vage,

la vil-le de (g) Gre-no-ble,

la blou-se de tra-vail,

la cra-va-te blan-che,

l'é-char-pe du mai-re,

la mi-tre de l'é-vê-que

le dra-peau tri-co-lo-re

Écrire la dernière phrase et dessiner le drapeau tricolore, qui est celui de la France, notre patrie.

Le Maître expliquera que ses trois couleurs sont un symbole d'union pour tous les Français.

Voyelles : *a e i o u y*

ACCENTS ET VOYELLES LONGUES

é è ê â î ô û

Consonnes : *b c d f g h j k l*

m n p q r s t v x z

ALPHABET USUEL

en *italiques*, romaines et MAJUSCULES
(Lire d'abord par lignes, ensuite par colonnes).

a b c d e f — g h i j k l

a b c d e f — g h i j k l

A B C D E F — G H I J K L

A B C D E F — G H I J K L

m n o p q r s t u v x y z

m n o p q r s t u v x y z

M N O P Q R S T U V X Y Z

M N O P Q R S T U V X Y Z

ÉCRITURE ET DESSIN

△ Tracer 10 triangles semblables au modèle.
et faire 10 A puis 10 V majuscules.

E-xer-ci-ces sur les ma-jus-cu-les.

Al-by, ville.	**I-ta-lie,** pays
Ba-ra, enfant.	**Jen-ner,** médecin.
De-saix, général.	**Lyon** (lion), ville.
E-pi-nal, ville	**Mar-ceau,** général.
Fran-ce, ⎫ notre	**Né-ron,** empereur.
Gau-le, ⎭ patrie.	**Ro-me,** grande ville.
Ho-che, général.	**Tu-ren-ne,** général.

Raconter l'enfance de Barra, Hoche, Carnot, etc.

A Bou-lo-gne, vil-le de Fran-ce,
mon a-mi Da-vid a man-gé
de bon fro-ma-ge de Hol-lan-de.

Le pau-vre Jus-tin
a bien pleu-ré hier au soir:
il a per-du sa bon-ne ma-man.

ÉCRITURE ET DESSIN
Tracer 20 X majuscules. (Le maître corrigera.)

É-qui-va-len*ts*.

Le si-gne = si-gni-fie *é-ga-le*

Entre deux voyelles : a, e, i o, u, y,

s=z	ro-se, ra-soir, mai-son.
ç[1]*=s*	le-çon, ma-çon, re-çu.
er=é	pa-pier, é-co-lier, jouer.
ez=é	nez, as-sez, par-lez, etc.
ph=f	pha-re, Jo-seph, So-phie.
en=an	en-cre, en-clu-me, en-tier
em=an	tem-pe, tem-pê-te, trem-ble
ent=an	sou-vent, con-tent, il ment
im=in	im-pie, im-po-li, sim-ple
om=on	om-bre, tom-be, trom-pe
tion=cion	ac-tion, di-rec-tion,
	ob-ser-va-tion, o-bli-ga-tion[2].

---

(1) Le petit signe placé sous le c est une cédille.
(2) Prononcez acion et non âcion, L'a est bref.

Exercices sur les équivalents

At-ten-tion !

Un lo-san-ge . . . . . .

La ba-lan-çoi-re . . .

la de-moi-sel-le . . . .

le pa-pier tim-bré . .

le ca-le-çon de Paul .

le ca-hier d'A-dol-phe

la tom-be de Clé-ment

l'en-ve-lop-pe de la let-tre.

le ni-veau du ma-çon.

l'en-clu-me du ma-ré-chal

le bou-vreuil, oi-seau chan-teur

as-sez, ces-sez, ter-mi-nez.

Ap-pre-nez bien vos le-çons.

Écrire la dernière phrase et **dessiner** dix losanges d'un centimètre de côté.

Let-tres nul-les

Elles sont *en italique* et ne se prononcent pas.

b nul plom*b* , a‑plom*b*, Co‑lom*b*.

c — ban*c*, bro*c*, cler*c*, jon*c*, etc.

d — ron*d*, lour*d*, froi*d*, gran*d*.

g — ran*g*, san*g*, bour*g*, ha‑ren*g*.

h — *h*i‑ver, *h*is‑toi‑re, Ber‑t*h*e.

l — ba‑ri*l*, ou‑ti*l*, gen‑ti*l*, fu‑si*l*.

p — cam*p*, cham*p*, ga‑lo*p*, cou*p*

s — bui*s*, sou‑ri*s*, har‑de*s*.

t — li*t*, cha*t*, doig*t*, toi*t*, en‑fan*t*, etc.

x — noi*x*, voi*x*, pri*x*, *h*eu‑reu*x*

nt — ils li‑sen*t*, ils par‑len*t*

ils chan‑ten*t*, ils_é‑cri‑ven*t*, etc. [1]

(1) Prononcez *il zécrive*, car l's ou l'x, dans les liai‑
sons indiquées par le signe ‿, se prononce comme *z*.

Il faut bien étudier. gh.

E-qui-va-lents et let-tres nul-les

Le tam-bour. . . . .

la trom-pet-te. . . . . .

la mé-san-ge . . . . . .

u-ne gi-rouet-te . . . .

les (lè) ci-seaux. . . . . .

les (lè) pin-cet-tes. . . .

les mou-chet-tes. . . .

le gen-til ca-nard . . .

le nid de l'oi-seau . . .

ha-mac de ma-te-lot.

ha-me-çon de pê-cheur

   l'ha-bit du di-man-che

et (é) ce-lui de tous les jours.

Dessiner 5 niveaux de maçon. (37ᵉ leçon.)

La croix la-ti-ne . . . . .   †

la croix grec-que . . .   +

la dou-ble croix . . . .   ‡

le cor de chas-se . . . .

le corps *hu*-main (46ᵉ l.)

le mât de co-ca-gne . .

la ro-se des (dè) vents . .

l'é-gli-se du ha-meau .

le ber-ceau de l'en-fan*t* .

le bal-lon ou a-é-ro-stat .

la tou-pie de Va-len-tin .

le cer-ceau d'Al-phon-se .

la pou-pée de Ger-mai-ne .

l'a-lê-ne du cor-don-nier (4ᵉ l.)

Dessiner la rose des vents, écouter les explications du Maître et reconnaître les points cardinaux.

Les si-gnes de l'é-cri-tu-re

Les ac-cen*t*s (8ᵉ leçon)   ´ ` ^ '

La vir-gu-le (en bas) · · · · ,

L'a-pos-tro-phe (en haut) · ·   '

Le poin*t*-vir-gu-le · · · · ;

Les *(lè)* deu*x*-poin*t*s · · · :

Le tré-ma *(na-ïf)* · · · · ··

Le poin*t* sim-ple · · · · ·

Le point in-ter-ro-ga-tif ?

Le point_ex-cla-ma-tif · · !

Les pa-ren-*th*è-ses · · · ( )

et *(é)* les guil-le-mets   « »

La pe-ti-te Lé-a est *(è)* fiè-re

d'a-voir com-pris sa le-çon

je l'ai vu moi-mê-me ce ma-tin.

Tra-cer 10 points interrogatifs et 10 points exclama-tifs. *(Le Maître corrigera les défectuosités.)*

Les chif-fres

Au-cun point, *zé-ro* — 0

Un *point*   —   . 1

Deux *points*   —   .. 2

Trois *points*   —   .·: 3

Quatre *points* —   :·: 4

Cinq *points*   —   .·:: 5

Six *points*   —   :·:: 6

Sept *points*   —   .·:·: 7

Hui*t points*   —   :·:·: 8

Neu*f points*   —   .·:·:· 9

Dix *points*   — :·:·:· 10

     dix ou u-ne *di-zai-ne*

A-près dix, *on-ze* ·:·:·:· 11

En-sui-te *dou-ze* ou u-ne *dou-zai-ne*   12

Ecriture et dessin.—Faire les chiffres.

Let-tres, mots et syl-la-bes

Mi-nus-cu-le ou pe-ti-te let-tre a.

Ma-jus-cu-le ou gran-de let-tre A

Jour, mot d'u-ne syl-la-be.

Mi-di, mot de 2 syl-la-bes.

Ro-mai-ne, trois syl-la-bes.

In-ter-li-gne, qua-tre syl-la-bes.

Les mots d'u-ne syl-la-be

se nom-ment *mo-no-syl-la-bes* ;

ceux de plu-sieurs

s'ap-pel-lent *po-ly-syl-la-bes*

Dans cet al-pha-bet

les syl-la-bes sont sé-pa-rées

par des ti-rets ou traits d'u-nion.

Exercice. Compter les syllabes de la phrase *j'ai ga-gné la croix lun-di*, et tracer les mujuscules A, B, D, en leur donnant *1 centimètre* de haut. (Le Maître tracera d'abord au tableau des lettres d'un décimètre).

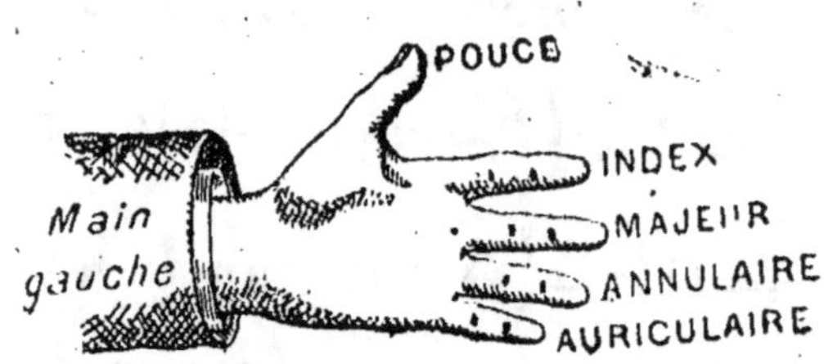

Les doigts de la main

Le pre-mier est le pou-ce.

Le se-cond, l'in-dex

ou in-di-ca-teur [1]

Le troi-siè-me le ma-jeur [2]

Le qua-tri-è-me, l'an-nu-lai-re. [3]

Le cin-qui-è-me, l'au-ri-cu-lai-re. [4]

En ré-su-mé, nous_a-vons [5]

deux mains et dix doigts.

Exercice.—Distinguer la main droite de la gauche. Compter les doigts.

---

(1) Parce qu'il sert à montrer les objets.
(2) C'est le plus long.—(3) Où se met l'anneau.
(4) Ou doigt de l'oreille (du latin *auris*).
(5) Dites *nou-zavon*. Le signe ‿ indique une liaison à faire. On fait la liaison entre deux mots quand le premier finit par une consonne (34ᵉ leçon), et que le suivant commence par une voyelle ou une *h* nulle.

Les par-ties du corps

le crâ-ne . .

la nu-que . .

le dos (dô) . .

les bras . . .

le cou-de. . .

les reins . . .

les fes-ses . .

la cuis-se. . .

(fémur)

le jar-ret. . .

le mol-let . .

la che-vil-le .

le ta-lon . . .

le front

la fa-ce

l'é-pau-le

la poi-tri-ne

la cein-tu-re

le ven-tre.

le poi-gnet.

la main

droite.

le ge-nou.

la jam-be.

le cou-de-pied

les or-teils.

Devoir. Indiquer, sur le modèle, le nom des principales parties du corps et les compter. Le *fémur* est l'os de la cuisse, Les *orteils* sont les doigts des pieds,

Les jou-ets (è) de l'en-fant

La tou-pie et la bal-le
pour les pe-tits gar-çons;
La pou-pée et le ber-ceau
pour les jeu-nes fil-les.
Les bâ-ton-nets en été,
quand il fait chaud.
Les che-vaux de bois
qui mar-chent tout seuls.
Le cer-ceau qui rou-le,
le mou-li-net qui tour-ne,
la cré-cel-le qui crie,
et le fa-meux Po-li-chi-nel-le,
avec son gros ven-tre
et sa bos-se dans le dos,
qui fait ri-re en tout temps.

Les_ou-tils de l'é-co-lier

Un syl-la-bai-re,
un cray-on à des-sin,
l'ar-doi-se qua-dril-lée,
un ca-hier d'é-cri-tu-re,
des plu-mes mé-tal-li-ques,
u-ne rè-gle bien droi-te
et u-ne boî-te de car-ton,
pour tou*t* le mon-de.
Un mor-ceau de toi-le,
du fil et des ai-guil-les
pour les jeu-nes fil-les.
Il ne fau*t* pas les_ou-bli-er,
ni les sa-lir,
mais_en a-voir gran*d* soin,
pour les con-ser-ver lon*g*-tem*ps*.

Dessiner une ardoise quadrillée.

Les_a-li-ments

Le pain et le vin,
le lait_et les fruits,
le ci-dre dans le Nord,
l'eau en tous pays,[1]
la vian-de quel-que-fois,
voi-là ce que man-gent
ou que boivent
pres-que tous les_hom-mes.

Ce sont nos_a-li-ments,
ils ser-vent_à nous nour-rir
et à nous for-ti-fier,
pour tra-vail-ler cha-que jour
et ga-gner no-tre vie
hon-nê-te-ment.

---

[1] Prononcez pai-i. L'i grec vaut ici deux i

Les meu-bles de la clas-se

Les bancs-ta-bles . .
Les pu-pi-tres . . . .
Les ar-doi-ses . . . .
Les en-cri-ers . . . .
Le ther-mo-mè-tre . .
la bi-bli-o-thè-que . .
l'hor-lo-ge-pen-du-le.
les poids et me-su-res
les car-tes de gé-o-gra-phie .
l'es-tra-de du Maî-tre
ou cel-le de la Maî-tres-se,
l'i-ma-ge de la Pa-trie,
voi-là ce qui com-po-se
le mo-bi-lier sco-lai-re.

Dessiner en grand l'estrade ci-dessus.

50ᵉ LEÇON

Les de-voirs de l'é-co-lier

ou ce qu'il doi*t* fai-re cha-que jour :

Se le-ver ma-tin ,

s'*ha*-bil-ler tout seul ,

fai-re sa pri-è-re,

sou-*h*ai-ter le bon-jour

à ses (*sè*) bons pa-rents ;

re-pas-ser ses le-çons ,

dé-jeu-ner prom*p*-te-ment,

s'en al-ler à l'é-co-le,

et s'y bien ap-pli-quer

à rem-plir ses de-voirs.

En re-tour-nan*t* chez soi,

Ne pa*s* s'ar-rê-ter dans les rue*s*

ni par les che-mins.

Exercice.—Que doit faire un bon écolier ?

Les jours de la se-mai-ne.

Il y en a sept, sa-voir:

di-man-che, pre-mier. 1ᵉʳ

lun-di, se-cond jour . 2ᵉ

mar-di, troi-siè-me . . 3ᵉ

mer-cre-di, qua-tri-è-me 4ᵉ

jeu-di, cin-qui-è-me . 5ᵉ

ven-dre-di, si-xiè-me. 6ᵉ

sa-me-di, sep-tiè-me . 7ᵉ

La se-mai-ne est de sept jours.

Jeu-di est le jour de con-gé.

Quel est le jour de re-pos?

Qua-tre se-mai-nes font un mois.

52 se-mai-nes font un an.

Dire par cœur les 7 jours de la semaine. Quel jour
est-ce aujourd'hui ? Et hier ? Et demain ? etc.

Les cou-leurs.

Le ciel est (è) bleu.

Les prés sont vert*s*.

Le li-las est vio-let.

Le char-bon est noir.

L'eau est in-co-lo-re.

La sou-ris est gri-se.

L'o-ran-ge est o-ran-gé*e*.

No-tre san*g* est rou-ge.

Ce-lui du li-ma-çon est blanc.

L'or et le lai-ton sont jau-ne*s*.

Le lait et la nei-ge sont blanc*s*.

Il en est de mê-me de l'al-bâ-tre.

Exercice —Compter les *phrases* ci-dessus et dire
ce que c'est qu'une phrase. (Réunion de mots ayant un
sens complet et qui finit par un point.(Le Maître s'assu-
rera que l'élève a compris le sens des mots en le ques-
tionnant : *Qu'est-ce qui est bleu ?— Qu'est ce qui est
vert?—Citez d'autres objets qui soient verts ou bleus;*
etc. Il est important d'accoutumer de bonne heure les
enfants à se rendre compte de ce qu'ils lisent.

Les hui-tai-nes et les di-zai-nes, etc.

U-ne hui-tai-ne, c'est 8 u-ni-tés.

U-ne di-zai-ne, c'est dix u-ni-tés.

U-ne dou-zai-ne, c'est dou-ze . . 12

U-ne quin-zai-ne, c'est quin-ze . . 15

U-ne ving-tai-ne, c'est vingt . . 20

U-ne tren-tai-ne, c'est tren-te . . 30

U-ne qua-ran-tai-ne, c'est qua-ran-te 40

U-ne cin-quan-tai-ne, cin-quan-te . 50

U-ne soi-xan-tai-ne, soi-xan-te . . 60

U-ne cen-tai-ne, cent u-ni-tés, 100

La cen-tai-ne vaut 10 di-zai-nes.

10 cen-tai-nes font un mil-le . 1,000

(Montrer tout cela sur le boulier.)

ÉCRITURE

Une dizaine vaut dix unités.

La cas-quet-te.

Le pe-tit Nu-ma
et sa sœur An-gè-le
sont des en-fants po-lis.
Nu-ma ô-te sa cas-quet-te
et sa-lue a-vec grâ-ce
les per-son-nes qu'il ren-con-tre.
Si on lui don-ne quel-que cho-se,
il dit tou-jours : Mer-ci, Mon-sieur,
ou bien : Mer-ci, Ma-da-me.
An-gè-le fait de mê-me.
Il faut les_i-mi-ter,
c'est-à-di-re qu'il faut_ê-tre po-li.

ÉCRITURE

Numa est un enfant poli.

Dessin. Essayer de reproduire la casquette de Numa.

Les me-su-res de lon-gueur.

Fig. 1. *Le dé-ci-mè-tre*

ou di-xiè-me de mè-tre.

Il en faut dix pour un mè-tre

c'est-à-di-re que le mè-tre

est dix fois plus long

que le dé-ci-mè-tre.

Fig. 2. *Le cen-ti-mè-tre*

ou cen-tiè-me de mè-tre.

Il en faut 100 pour un mè-tre.

Fig. 3. *Le mil-li-mè-tre*

ou mil-liè-me de mè-tre.

Il en faut mil-le pour un mè-tre.

Dessin.—Tracer une ligne d'un décimètre de long et la diviser en centimètres. (On partagera d'abord en deux, puis chaque partie en cinq.)
Partager ensuite un centimètre en millimètres.

Les pa-rents

Pa-pa et ma-man,
mes frè-res et sœurs,
mon on-cle et ma tan-te,
mes cou-sins et cou-si-nes,
voi-là mes pa-rents.

Ils me nour-ris-sent;
ils m'en-voient à l'é-co-le;
ils ont grand soin de moi.

Je les ai-me beau-coup,
et je prie Dieu pour eux,
ain-si que pour le Maî-tre
qui m'ap-prend à bien li-re,
de mê-me qu'à bien vi-vre.

ÉCRITURE

J'aime bien mes parents.

Dessin.—Tracer des ronds ou cercles bien faits;

Les piè-ces de mon-naie

Le cen-ti me

(face à gauche) :

il pè-se 1 gram-me

Le dou-ble cen-ti-me

(vaut 2 centimes);

il pè-se 2 gram-mes

Le sou, ou piè-ce
de cinq cen-ti-mes

(il pè-se 5 gram-mes.)

Le dé-ci-me

ou piè-ce de 10 cen-ti-mes

(au-tre-fois 2 sous)

Il pè-se dix gram-mes.

Le franc d'ar-gent.

Il vaut 100 cen-ti-mes.

(au-tre-fois 20 sous).

*Dessiner des ronds grands
comme les pièces ci-contre.*

Le beau so-leil.

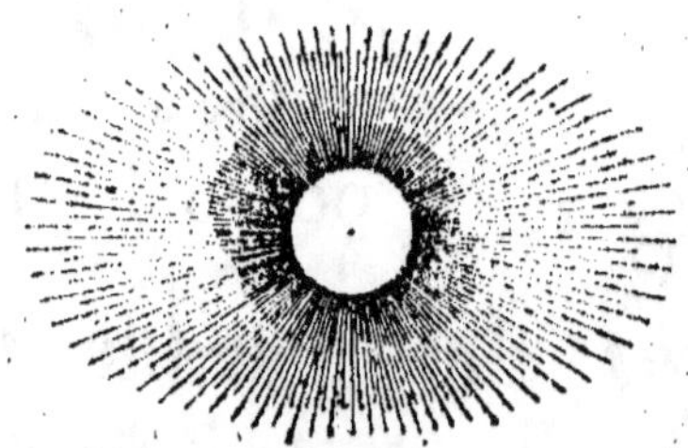

Voi-ci le beau so-leil ;
c'est lui qui nous_é-clai-re.
Il fait croî-tre les fleurs ;
il fait mû-rir les frui*t*s.
Qui a fait ce bel as-tre?
C'est le bon Dieu[1].
Nous de-vons tous l'ai-mer
et le re-mer-cier de ses dons.

Dessiner un soleil avec ses rayons. Tous les rayons doivent se diriger vers le centre ou milieu de
l'astre.

---

(1) Prononcez *Di-eu*, comme si le mot formait deux
syllabes. De même pour les autres diphtongues *dia*,
nia, *tia*, etc. (20ᵉ leçon.)

Les poids en cui-vre jau-ne.

Le gram-me,

Le dou-ble gram-me (2 gr.)

Le de-mi dé-ca-gram-me
ou poids de 5 gram-mes.

Le dé-ca-gram-me
ou poids de 10 gram-mes.

Le dou-ble dé-ca-gram-me
ou poids de 20 gram-mes.

Le de-mi *hec*-to-gram-me
ou poids de 50 gram-mes,

Vien-nent en-sui-te

l'hec-to-gram-me (100 gr.)

le ki-lo-gram-me (1,000 gr.) etc.

Ces der-niers ne sont pas re-pré-sen-tés ici.

Dessiner d'abord le poids de 50 grammes (grandeur naturelle). On commence par tracer un ovale (◯ couché) re-
présentant le bouton. On trace ensuite les deux traits cour-
bes figurant le col, l'un à gauche, l'autre à droite, etc.

Les mois de l'an-née

Le 1ᵉʳ est jan-vier, qui a 31 jours.

Le 2ᵉ fé-vri-er, qui en a 28 ou 29.

Le 3ᵉ, mars, qui en a . . . 31

Le 4ᵉ, a-vril, qui en a . . . 30

Le 5ᵉ, mai, qui en a . . . 31

Le 6ᵉ, juin, qui en a . . . 30

Le 7ᵉ, juil-let, qui en a, 31

Le 8ᵉ, *août*, qui en a aus-si.. 31

Le 9ᵉ, sep-tem-bre, a-vec. 30

Le 10ᵉ, oc-to-bre, qui a . 31

Le 11ᵉ, no-vem-bre qui a . 30

Le 12ᵉ, dé-cem-bre, a-vec 31

L'an-née est de 365 ou 366 jours.

Exercice. En quel mois sommes-nous ? Et après ?
—Quel est le mois des vacances ?

ÉCRITURE

*Les douze mois de l'année sont
janvier, février, mars, avril, etc.*

Les sai-sons

Le prin-temps et l'é-té,
l'au-tom-ne et l'hi-ver,
voi là les qua-tre sai-sons
de l'an-née.

Cha-cu-ne du-re trois mois

En é-té, il fait chau*d*,

et l'on por-te des *ha*-bi*ts* lé-gers ;

en hi-ver, il fait froi*d*,

et l'on a des ha-bi*ts* chau*ds*.

Au prin-temps, les fleurs ;

à l'au-tom-ne, les fruits.

Exercices. — En quelle saison sommes-nous ? Et après ? Quelle est la saison que vous préférez ? Pourquoi ? — Expliquez les deux dernières lignes ?

ÉCRITURE ET DESSIN

Les quatre saisons de l'année

LES SAISONS DE L'ANNÉE SONT

Les chif-fres ro-mains (1).

L'i (I) vaut 1
le V vaut 5; l'X vaut 10.
Ain-si :(2)

I se lit 1	VII se lit 7
II se lit 2	VIII se lit 8
III se lit 3	IX se lit 9(3)
IIII se lit 4	X se lit 10
V se lit 5	XI se lit 11
VI se lit 6	XII se lit 12

L vaut 50.—C vaut 100
D vaut 500—M vaut 1000
MDCCLXXXIX se lit 1789

(1) Dont les Romains (habit. de Rome) se servaient autrefois.
(2) Un i se lit 1; deux i cela se lit 2; 3 i, 3: 4 i, 4; v, 5; vi, 6: v et 2 i, 7; un v et 3 i, 8; un i avant un x, 9.
(3) Quand une lettre moins forte est *avant* une plus forte, on la retranche de cette dernière au lieu de l'ajouter; c'est pour cela qre IX se lit 9, de même que 4 s'écrit souvent IV.

L'hor-lo-ge-pen-du-le

Pour trou-ver l'*h*eu-re,
con-sul-tons la pen-du-le.
La pe-ti-te ai-guil-le
mar-que les *h*eu-res,
et la gran-de les mi-nu-tes
Quan*d* la pe-ti-te ai-guil-le
est sur le chif-fre VIII (8)
et la gran-de sur le 3e point,
ce-la fait 8 heu-res 3 mi-nu-tes.

La clas-se va com-men-cer.
Le jour est de 24 heu-res
L'*h*eu-re vaut 60 mi-nu-tes

Exercice.—Compter les heures et les minutes sur
le cadran ci-dessus, puis le dessiner en grand.

A-ni-maux_u-ti-les

Les chiens_et les cha*ts*,
les bre-bis_et les mou-ton*s*,
les coqs (pr. *cô*) et les pou-les,
les la-pins_et les liè-vre*s*,
les bé-liers_et les chè-vre*s*,
les bœufs (pr. *beu*) et les va-che*s*,
les che-vaux_et les â-nes,
les hi-boux_et les chouet-tes,
les_o*ies* et les ca-nar*ds*,
les din-des_et les din-dons,
ain-si que le vi-lain cra-pau*d*
et la plu-part des pe-tits_oi-seaux.,
voi-là les_a-ni-maux_u-ti-les.

Il ne fau*t* pa*s* les mal-trai-ter.

Devoir. — Citer des animaux utiles. Dire pourquoi ils le sont, et comment il faut les traiter.

A-ni-maux nui-si-bles

Les poux et les pu-ces,

les sou-ris et les rats,

les loups et les re-nards,

les fre-lons et les guê-pes,

les mar-tes et les lou-tres,

les vi-pè-res à tê-te pla-te,

les li-ma-çons et les li-ma-ces,

les vers blancs et han-ne-tons,

les cha-ran-çons du blé,

les che-nil-les et les pu-ce-rons

et beau-coup d'au-tres in-sec-tes,

voi-là les a-ni-maux nui-si-bles.

Il faut tâ-cher de les dé-trui-re

sans les mar-ty-ri-ser.

Devoir.—Citer les animaux nuisibles et dire pourquoi ils le sont. C'est un petit devoir de style.

Les li-gnes et les an-gles

Li-gne droi-te . . .

Li-gne cour-be . .

Li-gne bri-sée . . .

An-gle droit[1] . . .

An-gle ai-gu (plus
pe-tit que l'an-gle droit)

An-gle ob-tus (il est
plus grand que le droit.)

Li-gnes ho-ri-zon-ta-les .

Li-gnes ver-ti-cal·es

Li-gnes o-bli-ques

Li-gnes pa-ral-lè-les .

Devoir. — Tracer 10 angles droits.
Ensuite 10 angles aigus. — Puis 10 angles obtus.

---

(1) Remarquez que la grandeur d'un angle ne dépend pas de la longueur des lignes qui le forment,
mais de leur écartement ;
 ainsi ∟ est plus grand que

La pri-è-re

O Dieu,

tout pe-tit que je suis,

é-cou-te ma pri-è-re.

C'est toi, me dit ma-man,

qui rends les_en-fants sa-ges.

Don-ne-moi la sa-ges-se

et la do-ci-li-té,

a-fin que je con-ten-te

mes pa-rents_et mes maî-tres,

et puis que je de-vien-ne

un_é-co-lier mo-dè-le,

un ci-toy-en (*pr*.in) u-ti-le

à no-tre cher pays.

Expliquer les mots *citoyen* et *patrie* ou *pays*.

ÉCRITURE

Soyez sage et vous serez heureux.

TABLE DES MATIÈRES

Caen. — Imp. PAGNY, rue Froide, 27.